AF314657

Bibliothèque Générale de Cinématographie

CONFÉRENCES SUR LA CINÉMATOGRAPHIE
Organisées par le Syndicat
DES AUTEURS ET GENS DE LETTRES

QUATRIÈME CONFÉRENCE

L'Appareil
de
Prise de Vues
Cinématographiques

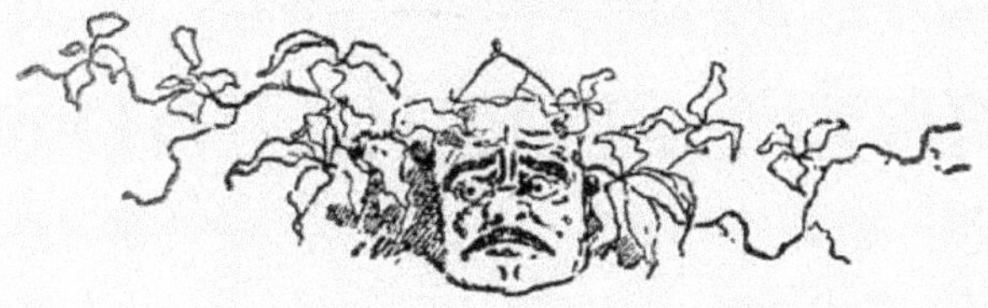

PARIS
COMPTOIR D'ÉDITION DE " CINÉMA-REVUE "
118, Rue d'Assas, 118

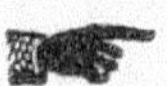
Si vous avez
besoin de
renseignements
N'OUBLIEZ PAS
que
" Cinéma=Revue "
se met à l'entière disposition
de tous pour
RENSEIGNER
GRATUITEMENT
sur tout ce qui concerne la
CINÉMATOGRAPHIE
Ecrivez-nous chaque fois
que vous êtes embarrassé

L'Appareil
de
Prise de Vues
Cinématographiques

Par **E. KRESS**

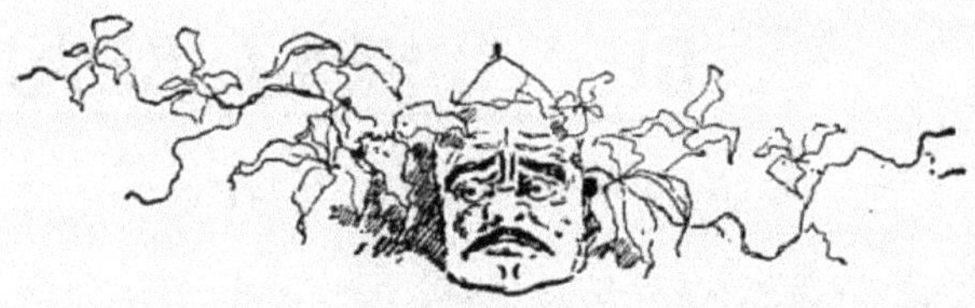

PARIS

COMPTOIR D'ÉDITION DE " CINÉMA-REVUE "

118, Rue d'Assas, 118

AVANT PROPOS

En décidant de faire développer en un certain nombre de conférences les principes de la technique théâtrale du film, les Membres du *Syndicat des Auteurs et Gens de Lettres* se sont proposés, non seulement d'instituer et de poursuivre un enseignement nouveau, mais aussi d'affirmer qu'une étroite solidarité devait unir et les auteurs et les interprètes de scénarios.

Le lecteur voudra donc bien considérer notre travail, non comme l'exposé de connaissances et de conceptions personnelles, mais bien plutôt comme le résumé des discussions que cet exposé a fait naître.

MM. Charles-Mendel ont bien voulu honorer de leur sympathique bienveillance notre modeste tentative ; bien mieux, nos assidus collaborateurs leur devront de pouvoir conserver sous une forme précise le résultat d'un travail commun ; au nom des Membres du Syndicat, au nom de tous les auditeurs du cours, en mon nom personnel, aux excellents éditeurs de *Photo-Revue* et *Cinéma-Revue*, je me permets de dédier cette modeste transcription de conférences sans prétention.

E. KRESS.

Paris, février 1912.

CONFÉRENCES

SUR LA

CINÉMATOGRAPHIE

QUATRIÈME CONFÉRENCE

L'APPAREIL DE PRISE DE VUES

Au cours du rapide historique qui a fait le sujet de notre premier entretien, nous avons essayé de montrer par quelles phases successives était passé l'appareil cinématographique avant d'atteindre le degré de perfection qui est aujourd'hui sa qualité.

Il n'est pas inutile de nous demander, tout d'abord, comment se comporte l'œil sous l'action des radiations lumineuses qui le viennent frapper.

L'œil, en effet, dont les paupières constituent comme l'obturateur, n'est pas animé d'un mouvement tour à tour simplement longitudinal et vertical, mais bien d'un mouvement de torsion autour d'un axe idéal. C'est grâce à ce mouvement qu'il peut, par l'intermédiaire de l'iris et du cristallin, concentrer l'action des rayons lumineux au point d'émergence du nerf optique, point que l'on désigne sous le nom de *punctum cæcum* (point aveugle). Ce dispositif naturel se retrouve dans le cinématographe.

Lorsque nous aurons à résumer les moyens mis en œuvre pour la prise de vues, nous verrons que les différents mouvements des organes de l'appareil cinématographique peuvent s'inscrire suivant une courbe mathématiquement déterminable.

Les conditions à réaliser dans tous les appareils destinés soit à la prise, soit à la projection des images analytiques des objets animés avaient déjà été étudiées par tous les constructeurs de lanternes à projection. On savait que les images devaient se succéder sur l'écran à intervalles réguliers sans que l'on puisse saisir les temps d'arrêt et comme le mécanisme de leur translation, sans que la lumière subisse des pertes sensibles pour l'œil du spectateur ; l'obturation plus ou moins prolongée était nécessaire au remplacement d'une image par celle qui lui succédait.

Les applications du *Phénakisticope* de Plateau ont été traduites en Angleterre par la construction d'un appareil connu sous le nom de *Wheel of Life* (couronne ou roue de vie) qui comportait deux disques montés l'un contre l'autre sur un axe commun, et qui pouvaient tourner en sens inverse, par le moyen de cordelettes croisées faisant fonction de courroies. Le premier de ces disques, en matière légère, était percé de fentes verticalement disposées et très étroites: le second était en verre et portait des sujets peints en couleurs vives disposés suivant la circonférence du disque.

A la rotation se traduisaient naturellement des différences de vitesse de la périphérie au centre et les images à la projection étaient d'autant plus déformées que le disque était plus grand. Il est vrai que l'on obviait à cet inconvénient en déformant en sens inverse les dessins eux-mêmes.

En 1882, M. MOLTENI fit subir à la *roue de vie* une importante transformation. Le disque obturateur fut percé d'une seule fenêtre en forme de trapèze, la base la plus étroite tournée vers le centre, le disque et le plateau obturateur tournant toujours en sens inverse, mais à des vitesses calculées de telle façon que l'obturateur fit un tour complet par déplacement d'une image.

En Angleterre, HUGUES construisit deux appareils auxquels il donna le nom de *Choreutoscopes* (montreurs de danses). Un de ces appareils est à bande de verre, l'autre est à disque.

M. MOLTENI mit également dans le commerce un

Choreutoscope à disque comportant six poses du sujet à projeter. Ce disque tourne sur un axe et est muni d'une Croix de Malte à six échancrures qui correspondent précisément aux six positions représentées par les six images. La fenêtre qui livre passage aux rayons lumineux est percée dans la monture même de l'appareil; elle est de la grandeur d'une image; engrenant avec la Croix de Malte on remarque une petite roue munie d'une seule dent. Cette roue est flanquée d'une poulie qu'une corde sans fin relie à un volant manivelle.

Cette poulie fait tourner un obturateur, secteur d'un disque en carton noir de même diamètre que le disque de verre et un peu excentrique à ce disque. L'image est démasquée pendant un demi-tour de la poulie; la substitution des images a donc lieu en même temps que l'obturation correspondante à un sixième tour.

Dans le *Choreutoscope* à bandes de Hugues le temps d'obturation est écourté. La manivelle agit sur une poulie munie également d'une seule dent, dont le tracé a de grandes analogies avec celui de la came. Cette dent engrène avec une crémaillère creusée d'arcs concaves dont le rayon est égal à celui de la roue motrice et d'échancrures plus profondes répondant au tracé de la dent. Tant que la roue motrice est en relation avec les grands arcs de cercle, la crémaillère reste immobile ainsi que l'image. Lorsque la dent engrène avec les échancrures, il y a à la fois obturation et changement d'images. La roue motrice est également munie d'un excentrique actionnant un levier qui commande l'obturateur. Cet excentrique est disposé de telle sorte que l'obturation a lieu dès que la dent s'enfonce dans l'échancrure qui est à sa demande.

Cet appareil permettait de projeter des images de grandes dimensions. Dans le *Choreutoscope géant*, l'entraînement de la bande se faisait par l'action de trois dents sur la crémaillère.

Nous avons insisté un peu longuement sur le *Choreutoscope* à bandes parce qu'il est comme le prototype du *Cinématographe Lumière* et parce que si nous faisions la somme des différents moments des forces qui concourent, et à la translation de la bande et à l'obturation, nous serions conduits à envisager l'action spéciale de la came.

Les *cames* sont des organes mécaniques destinés à transformer le mouvement circulaire, dont ils sont animés, en mouvement rectiligne qu'ils transmettent à un ou plusieurs organes mobiles qui leur sont tangents. Au point de vue cinématographique, les cames remplissent le rôle du doigt humain. Suivant le tracé donné à la came, le mouvement rectiligne qui en résulte peut être ou continué ou suspendu. Ce tracé s'obtient facilement par le calcul des moments des forces qui sollicitent le mobile, la somme devant s'appliquer à une direction donnée.

On sait qu'en cinématographie il faut réaliser différents mouvements, qui, antagonistes les uns des autres, ne peuvent concorder que par l'intervention d'un ou de plusieurs artifices mécaniques.

1° Les bobines débitrice et réceptrice doivent être animées d'un mouvement continu de rotation ;

2° A mesure que la bobine réceptrice grossit, la bobine débitrice devrait, idéalement, être animée d'une vitesse proportionnellement plus grande ;

3° Malgré un débit inégal, les images photographiques obtenues doivent être à la fois équidistantes et superposables qnant à leurs parties fixes ;

4° L'arrêt de la pellicule nécessaire et à la prise de vues et à la projection de chaque image, doit non seulement se produire à intervalles rigoureusement réguliers, mais de façon que le débit et l'enroulement de la pellicule se produisent sans risque de rupture.

Il est facile de réaliser la premièr condition. En montant la bobine débitrice sur un axe fou ou légèrement freiné, on satisfait à la seconde. La bobine réceptrice devient alors en même temps motrice.

Les troisième et quatrième conditions ne peuvent être remplies qu'en suspendant la course du film sur une partie de son trajet et en opposant à la force d'inertie résultant de l'arrêt non pas la pellicule tendue en plein travail, mais la pellicule disposée de telle sorte qu'elle constitue un véritable ressort anti-secousses.

Nous savons déjà que la perforation de la pellicule soit en son centre, soit sur ses bords, permet d'obtenir des épreuves égales, superposables et équidistantes. Les dispositifs destinés à provoquer l'arrêt sont précisément les caractéristiques mécaniques. Quant à la dernière condition, elle a été résolue en appliquant la force destinée à la traction de la pellicule à une boucle souple que forme cette pellicule au-dessus et au-dessous du mécanisme qui provoque l'arrêt.

Suivant le mécanisme destiné à suspendre la course de la pellicule nous classerons les · appareils cinématographiques d'après un certain nombre d'appareils types, que nous allons successivement étudier.

Cinématographe Lumière

Bien que, chronologiquement, le cinématographe Lumière ne soit pas le premier appareil chronophotographique, il se classe néanmoins logiquement et pour les raisons que nous avons indiquées, à la suite des choreutoscopes.

L'appareil Lumière prend des photographies avec 1/50 de seconde comme temps de pose et au nombre de 900 par minute. Il peut se décomposer en deux corps superposés. Dans le corps supérieur on remarque deux axes destinés à recevoir les bobines de pellicules tournant follement sur eux. Le corps inférieur contient ou maintient le mécanisme cinématographique proprement dit et une bobine réceptrice actionnée par une manivelle qui, du reste, commande le système tout entier.

Pour fixer les idées, nous allons supposer que nous voulons prendre un film négatif. Nous plaçons notre bobine sur l'axe supérieur du corps supérieur de l'appareil ; nous engageons le film dans une sorte de couloir ménagé dans la paroi antérieure du corps inférieur. La pellicule passe ainsi derrière une fenêtre devant laquelle tourne l'obturateur qui intercepte ou non les rayons transmis par l'objectif ; puis la pellicule contourne une gorge qui lui fait faire boucle, passe par-dessus une tige ou un cylindre qui sert à conserver la forme de la boucle et vient enfin s'insérer sur une bobine dont, primitivement, l'axe n'était pas central. Lorsque le film négatif avait été impressionné, puis développé, fixé et lavé, on le disposait sur l'axe inférieur du corps supérieur de l'appareil ; sur l'axe supérieur on disposait le film positif qui venait s'insérer sur la bobine réceptrice après avoir contourné la gorge dont il a été parlé ; le film négatif s'échappait par une ouverture ménagée dans le bas de l'appareil. Les deux films accolés, gélatine contre gélatine, étaient simultanément entraînés, le film positif s'impressionnait à travers le négatif. Pour la projection le film positif était soit enroulé sur la bobine réceptrice, soit débité dans un panier par l'ouverture dont il a été parlé.

Examinons maintenant en quoi consistait l'appareil, ou plutôt l'organe cinématographique proprement dit.

Il était constitué par une sorte de cadre métallique, muni de deux prolongements, de deux bras verticaux animés d'un mouvement de va-et-vient entre deux tenons :

A l'intérieur du cadre se meut une came triangulaire, montée sur un axe portant en outre et l'obturateur et une sorte de tambour muni de deux rampes dont nous allons examiner le rôle.

La pellicule, perforée au début à un trou par image, est entraînée par deux griffes à ressort qui sont montées sur un prolongement longitudinal du cadre et qui sont enfoncées dans les perforations, grâce au frottement exercé sur leur tête par les rampes du tambour. Le mouvement rectiligne et vertical, ainsi que les temps d'arrêt sont communiqués au cadre porteur de griffe par la came qui tourne verticalement dans le cadre qui lui est perpendiculaire. L'obturateur est formé par l'ensemble d'un double disque.

Pour fixer les idées, nous diviserons la rotation en quatre temps.

Premier temps. — Rotation de 60°, le cadre est au

bas de sa course, il est immobile ainsi que la pellicule, les dents se retirent de la perforation.

Deuxième temps. — Rotation de 120°. La pellicule non sollicitée par les dents est toujours immobile, mais le cadre se meut de bas en haut. L'image qui n'est pas masquée par l'obturateur est impressionnée ou projetée.

Troisième temps. — Rotation de 60° ; cadre et pellicule sont toujours immobiles. L'objectif est toujours démasqué, mais les dents s'implantent dans la pellicule.

Quatrième temps. — Le cadre descend et entraîne la pellicule à l'abri de l'obturateur qui a masqué la fenêtre de l'appareil.

Le cinématographe Lumière est remarquable par la fixité des images. M. Carpentier l'avait modifié par l'adjonction d'un défileur, l'appareil primitif ne comportant l'emploi que de bandes d'un très faible métrage. La perfection du système à griffes Lumière (tombé d'ailleurs dans le domaine public) est telle qu'il a été adopté par tous les constructeurs soucieux d'une prise de vue aussi parfaite, aussi rigoureusement exacte que possible. Nous examinerons en temps et lieux ces appareils.

Appareil Demeny

Nous avons rappelé à la suite de quelle fortuite circonstance, Demeny fut mis sur la voie de son dispositif à tige excentrée, agissant comme came. Pour bien nous rendre compte de ce dispositif, nous allons supposer que la pellicule est tendue entre les deux bobines débitrice et réceptrice. Il s'agit d'interrompre la course du film sans pour cela que l'enroulement soit suspendu. La traction s'opère toujours sur une boucle de pellicule.

Imaginons qu'en même temps, la pellicule passe à friction sur un bras de manivelle. Lorsque, par suite de la rotation de la manivelle, le point d'appui viendra à manquer, il se produira sur un court espace de la pellicule un temps d'arrêt, mais la pellicule descendra dès que la tension entre les deux bobines aura été rétablie.

A ce moment, le bras de la manivelle reviendra en contact avec le film, etc.

Dans l'appareil de Demeny, perfectionné par les Établissements Gaumont, les rouleaux dentés ne servent qu'à guider la pellicule et à limiter le champ d'arrêt.

Nous étudierons également la modification Gaumont. Remarquons déjà que dans l'appareil de Demeny, la pellicule n'est jamais libre et qu'elle n'est exposée aux radiations calorifiques que dans la très petite partie du couloir qui correspond à la fenêtre.

Les films Demeny étaient plus larges que les films Lumière (0 m. 06). Le chargement de l'appareil ne pouvait s'effectuer qu'au cabinet noir et au moyen d'un sac étanche à la lumière.

Appareil Méliès et Reulos

Bien que l'appareil Méliès et Reulos, connu sous le non de *kinetograph*, n'ait eu qu'un éphémère succès, nous devons le considérer comme un appareil type et en donner les caractéristiques.

L'entraînement progressif de la pellicule est provoqué par l'action d'un rouleau denté, solidaire d'une vis hélicoïdale, dépendant d'un volant à manivelle.

L'obturateur à ailettes est mis en mouvement par engrenage calé sur l'axe de la vis hélicoïdale. L'adhérence de la pellicule est assurée par un double rouleau en ébonite qui, par l'action d'une lame de ressort, épouse la surface d'un cylindre d'aluminium. Avec le kinetograph apparaît la boîte à films, ou Carter.

Appareil Joly-Normandin

L'appareil Joly, construit et même modifié par M. Normandin, repose sur les propriétés bien connues des roues à rochet.

Grâce à une combinaison de pignons d'angle, M. Joly a réussi à ne faire agir sur la pellicule pour la tirer qu'une force très réduite. On conçoit que

dans ces conditions, l'inertie provoquée par le cliquet
de la roue à rochet, sera réduite presque à zéro. Le
cliquet est solidaire d'une bielle qui tourne d'une façon
continue. Mais la roue à rochet, productrice de l'arrêt,
ne tourne que d'un quart de tour pour un tour complet
du volant manivelle. Le rouleau denté, calé sur la
roue à rochet, et divisé au $1/50^e$ de millimètre près,
entraîne ainsi régulièrement la pellicule au $1/50^e$ de
millimètre près. Normandin a modifié l'appareil Joly
de façon que la bielle motrice de la roue à rochet
fasse faire au rochet un quart de tour par quart de
tour du volant de commande. Pendant les trois autres
quarts de tour du volant, le rochet reste immobile
et il y a pose de la pellicule. L'appareil utilise ainsi
les trois quarts de l'éclairage.

Dans le grand appareil de M. Joly, dit à mouvements satellites, le système du rochet est toujours
conservé, mais la bielle est attelée à une sorte de
fourche qui porte le cylindre denté destiné à tirer la
pellicule. Ce cylindre, qu'il soit ou non en contact
avec la pellicule, est animé d'un mouvement régulier
grâce aux engrenages avec lesquels il reste en perma-
nente liaison.

L'effort qui agit sur la pellicule est ainsi comme
graduel et il ne se produit pas d'à coup, risquant de
rompre le film en travail. Cet appareil est le premier
qui permette l'emploi de bobines à grand métrage.

Le frottement de la pellicule était réparti sur 20 dents du rouleau. La traction s'opérait sur une boucle de résistance nulle. Le temps employé à cette traction est très réduit, l'obturation n'est que de 1/5 du temps de rotation. L'appareil Normandin reste un appareil de premier ordre.

Appareil Perret et Lacroix

L'*Héliocinégraphe* de Perret et Lacroix est une heureuse application des propriétés des courbes hélicoïdales.

Comme dans l'appareil précédent on s'est efforcé de démultiplier la force d'inertie. La pellicule est entraînée par un cylindre exactement denté et très léger, ce qui est du reste la règle en cinématographie. Ce cylindre est sollicité par une étoile à quatre branches calée sur son axe, et chaque branche suit le tracé d'une pièce hélicoïdale animée d'un mouvement continu de rotation solidaire de celui de la manivelle. Le film est ainsi entraîné par quart de tour du cylindre. La bobine réceptrice est montée à frottement doux sur l'axe même de la manivelle.

L'obturateur ayant 90° d'angle, il n'y a qu'un quart de temps d'occultation. La pièce, dite *escargot*, est entraînée, non par un axe, mais par un ressort à boudin qui enveloppe cet axe et tourne en même temps que lui.

Appareil Zion

Dans le *Mouvementographe Zion*, on a beaucoup sacrifié à la simplicité des organes moteurs. L'axe de la manivelle actionne directement l'obturateur. Sur cet axe engrène une roue dentée qui agit sur une petite pièce sphérique, sur la circonférence de laquelle est tracée une rainure qui lui donne les propriétés de la vis, déjà employée dans l'appareil de Reulos. Le cylindre, très léger, entraîneur de la pellicule, est sollicité par une étoile à six branches qui viennent successivement suivre le tracé de la noix commandée par la manivelle. La résistance de la pellicule à la traction est démultipliée par l'effort des seize dents du cylindre qui agissent sur les perforations. Le contact de la pellicule et du cylindre est assuré par un petit rouleau presseur. Deux ressorts maintiennent la pellicule contre la fenêtre. L'obturateur n'est opaque que sur un tiers de sa surface, lorsque l'appareil fonctionne comme projecteur, sur deux tiers quand l'appareil sert à la prise de vues. Pour ce dernier usage, M. Zion adapte à son appareil des boîtes à film, interchangeables, ce qui le rend utilisable en pleine lumière ; enfin il a rendu la fenêtre mobile verticalement, ce qui permet de centrer exactement la pellicule derrière l'objectif dont une graduation indiquée sur la monture facilite la mise au point, dans tous les cas

où le verre dépoli substitué au film n'est pas indis-
pensable.

Appareil Garigou-Lagrange

Dans cet appareil qui, d'ailleurs, n'a jamais été
pratiquement réalisé, le constructeur fait appel aux
propriétés optiques du rayon lumineux traversant,
avant d'aller impressionner la pellicule, un bloc de
verre parallélipipédique à section carrée, tournant autour d'un axe dans le sens de l'entraînement du film. La
rotation du bloc est calculée de façon telle que le
rayon émergeant soit relevé de la même quantité que
le film se sera abaissé. Le mouvement est réglé pour
que quatre images soient impressionnées ou projetées
par tour complet du bloc de verre, dont les arêtes
sont en outre masquées. Avec cet appareil, la pellicule
est entraînée par un mouvement varié et la vitesse est
en fonction sinusoïdale de l'angle de rotation du paral-
lélipipède de verre. Ce mouvement est plus théorique
que mécaniquement réalisable. En outre les objectifs
cinématographiques étant à court foyer, il est difficile
de loger un tel dispositif entre l'objectif et la pellicule.

Modification Lumière

Sur un principe et dans un but analogues MM. Lumière tentèrent de transformer leur appareil en utili-

sant les propriétés des miroirs plans perpendiculaires entre eux, propriétés que l'on traduit par cette loi : « Étant donnés deux miroirs plans perpendiculaires entre eux, si un point lumineux se meut suivant une perpendiculaire au plan bisecteur des deux miroirs, l'image des positions successives de ce point lumineux se fait toujours sur la même droite. »

L'intérêt d'un dispositif établi sur les données optiques que nous venons d'énoncer est de permettre *la projection*, la bande étant animée d'un mouvement continu.

On conçoit qu'en disposant convenablement le système optique, les mêmes propriétés des miroirs perpendiculaires pourraient être utilisées au théâtre cinématographique.

Dans le projecteur, les deux miroirs à angle droit ont leur intersection horizontale. Cette arête est à 45° par rapport à l'axe de l'objectif. Ils sont entraînés par un chariot mû verticalement par une came dont la rainure engrène sur un galet du chariot. Par engrenages, la came commande un tambour qui sert à implanter les griffes dans les perforations de la pellicule. Le chemin parcouru par le chariot est moitié de celui parcouru dans le temps par une image, l'obturation est du cinquième du temps pris par la projection proprement dite.

Appareil Debrie

Sous le nom de « Le Parvo » M. Debrie a construit un appareil qui est une merveille de précision et de légèreté ; l'appareil est à griffes.

On l'ouvre complètement en tournant un bouton qui dégage quatre verrous fixés dans les colonnes qui supportent l'objectif. On dégage ainsi, la partie avant et par suite les deux portes latérales. La boîte s'ouvre également en tournant un bouton placé dans le bas de l'appareil.

Dans ce cas le mécanisme est complètement à découvert, mais l'objectif reste solidaire de la platine avant.

Les boîtes-magasin sont logées dans l'appareil lui-même, elles sont à fermeture à baïonnette. La pellicule y est enroulée, gélatine en dehors, et on en laisse sortir une petite portion pour l'amorçage. A cet effet on tourne le bouton du haut qui permet de dégager l'objectif et la friction pour en amener la clavette en haut.

On encastre la boîte-magasin de façon que la saillie colorée en rouge soit logée entre les goujons de la plaque avant. On passe alors la portion libre de la pellicule entre les galets et le tambour denté du haut, en appuyant sur le levier du galet intérieur. On ouvre le volet et après avoir fait la boucle, en plaçant la pellicule au-dessus et en travers de l'index de la main gauche et en la roulant d'un tour sur ce doigt de la

main droite, on engage le film dans le couloir qui est
à centrage automatique.

Si les griffes sont apparentes, on y engrène les perforations, sinon on ne s'en préoccupe pas. On ferme le

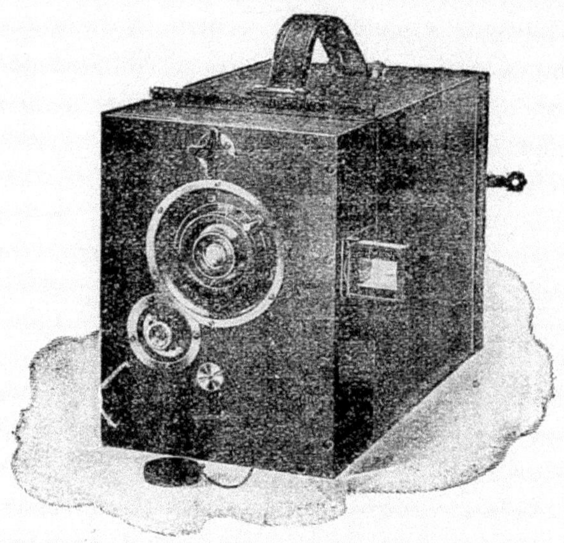

Le Parvo.

volet du couloir, on place la pellicule entre les galets
et le tambour denté inférieurs, après avoir fait la
boucle comme précédemment. Le film est reçu dans
une seconde boîte magasin dont on a soin de disposer
la saillie colorée en rouge entre les deux goujons de la
platine avant.

La pellicule est engagée dans l'encoche ménagée

dans le moyeu, on dispose la friction sur ce moyeu en insérant la clavette dans l'une des deux mortaises, on tourne le moyeu de droite à gauche pour faire tendre la pellicule et on emboîte le couvercle, la flèche indicatrice tournée en avant, en agissant sur le système à baïonnette.

L'appareil est alors refermé et on contrôle la mise en place par deux ou trois tours de manivelle.

L'appareil est mis au point pour l'infini par le constructeur et la mise au point, pour un plan déterminé, peut être faite en utilisant la graduation du barillet de l'objectif. On peut la vérifier au moyen de la loupe soit à l'intérieur de l'appareil, la boîte-magasin étant enlevée, soit, sans ouvrir l'appareil, au moyen d'un tube spécial pour lequel un logement a été réservé. L'appareil est à marche avant et arrière, il suffit de renverser le sens de la rotation de la manivelle. L'appareil est en outre à deux vitesses : soit huit, ou une image par tour de manivelle. Le changement de vitesse s'obtient en tirant sur l'anneau placé au-dessus de l'indicateur de vitesse. Pour tourner à une image, on agit sur l'anneau de gauche à droite, on le tire ensuite en arrière, bien à fond et on le laisse tourner ensuite seul de droite à gauche. Si l'on veut revenir à la vitesse de huit images, on tourne l'anneau de gauche à droite, on pousse en avant et à fond et on laisse tourner l'anneau de droite à gauche. En tour-

nant insensiblement la manivelle, on guide l'engrène-
ment du mécanisme.

Un cadran, logé dans le bas de la face arrière de
l'appareil, indique le nombre d'images enregistrées à
la seconde. Au-dessus de lui un autre cadran permet d'estimer le nombre de mètres de film impressionné grâce aux indications fournies par deux
aiguilles.

Un mètre correspond à 52 images. L'appareil est
également muni du perforateur que l'on fait fonc-
tionner lorsque l'on veut marquer, par exemple, la
fin de l'enregistrement d'une scène. Le diaphragme
de l'objectif est à iris, on le manœuvre au moyen d'une
petite tige métallique. Un bouton situé au-dessus et à
gauche de l'objectif permet d'ouvrir et de fermer
l'obturateur et l'angle d'ouverture obtenu se traduit
exactement par la disposition de secteurs blanc et noir
sur le bouton de commande.

Le mouvement de montée et de descente des griffes
est obtenu par un bouton de manivelle et grâce à une
utilisation judicieuse du point mort.

L'appareil Debrie est tout à fait remarquable. Sa
précision et sa solidité ne laissent rien à désirer. Son
volume réduit le rend précieux pour le voyage et pour
le reportage. C'est le seul qu'on ait pu réellement
utiliser et recharger en aéroplane. Son poids est de
cinq kilos.

Appareil Gillon

L'appareil Gillon se recommande par sa solidité et par la précision de son mécanisme. Son système est celui de la griffe Lumière. La pellicule y est amenée d'un magasin placé au-dessus du corps de l'appareil. La boucle est simple. La marche avant-arrière est d'une très grande souplesse et s'obtient directement. La mise au point s'effectue grâce à un dispositif placé sur le côté de l'appareil et contenant un prisme à réflexion totale. L'appareil s'ouvre absolument comme une armoire. Il a été adopté par de nombreux théâtres cinématographiques et son succès ne peut qu'aller toujours grandissant.

Appareil Prévost

L'appareil Prévost dérive du système Lumière. Extérieurement, il ne présente aucune saillie ce qui permet sa rapide sortie du sac de transport. Il est à magasins extérieurs (système anglais).

Il comporte évidemment le compteur de tours, le poinçonneur, etc.

La marche à un tour de manivelle s'obtient au moyen d'un démultiplicateur. La marche avant-arrière est obtenue par l'intermédiaire d'un ressort à boudin, formant courroie d'entraînement et agissant sur cha-

'cune des poulies des boîtes-magasin, dont l'axe est muni de cliquets.

L'appareil Prévost est à cadre et à griffes dont la came est l'organe moteur exclusif. L'appareil Prévost utilise également le système contre-griffes inventé par MM. Lumière pour maintenir le film bien fixe.

Appareil Pathé

Il y a deux modèles Pathé prise de vues, l'un fut destiné à l'amateur, l'autre connu sous le nom de « Industriel Pathé » ne fut longtemps utilisé que par la Maison elle-même.

Le principe est encore celui du cadre à griffes Lumière.

L'appareil amateur a ses boîtes-magasin intérieurement disposées.

L'Industriel affecte au contraire le dispositif anglais. Mais pour obtenir la marche avant ou arrière il faut déplacer la courroie de transmission.

Muni de tous les perfectionnements nécessaires au théâtre, l'appareil Pathé est remarquable par la douceur de son mécanisme.

Chrono-négatif Gaumont

Sous cette dénomination, Les Établissements Gaumont ont établi un appareil dérivé de celui de Demeny et qui est remarquable de précision et de fixité. L'appareil comprend un carter en noyer verni renfermant le mécanisme, deux boîtes-magasin avec bobines-axe pouvant contenir chacune 100 mètres de pellicule, un objectif anastigmatique Zeiss ou Voigtlander monté sur planchette et muni d'un parasoleil démontable, un viseur du type chambre noire, un disque obturateur dont la fente est réglable, un compteur et un dispositif à poinçonner.

La pellicule à impressionner est placée dans le magasin supérieur et est reçue, après passage devant l'objectif dans le deuxième magasin situé à la partie inférieure et en arrière de l'appareil. Les cylindres dentés assurent le déroulement de la pellicule et la guident, mais ne sont pas producteurs du mouvement intermittent, qui est donné par la came système Demeny. La bande est maintenue en contact permanent avec les cylindres au moyen de compresseurs doubles dont les galets sont évidés, ce qui les rend très légers. Le couloir par lequel passe la pellicule devant l'objectif est garni de velours sur toute sa longueur. La pellicule est ainsi rendue adhérente et ne flotte pas.

L'obturateur est, nous l'avons dit, à fente réglable. Cette fente résulte du recouvrement plus ou moins grand de deux segments de disques en carton noir mobiles l'un sur l'autre.

L'objectif est anastigmat, à 52 mm. de foyer ; un

large parasoleil le garantit contre les rayons lumineux incidents.

Le compteur de métrage est placé à la partie avant de
l'appareil. Le poinçon destiné au
repérage des scènes perfore la
pellicule en son milieu. Tous les
engrenages sont solidaires de la
manivelle, placée sur la droite de
l'appareil. La bobine-axe du magasin inférieur est à entraînement à friction. Une chaîne Vau-
canson relie cette bobine au
pignon denté de la manivelle.
L'appareil est porté sur
une plate-forme panora-
mique, d'une construc-
tion robuste et très étudiée,
remarquable par la douceur
et la simplicité de son fonc-
tionnement. Cette plate-forme,
comme l'indique notre figure,
comporte un support triangulaire qui, par six oreilles
munies de goujons B filetés, et d'écrous se relie à la
tête du pied à trois branches. Sur ce support triangulaire tourne une roue dentée C à laquelle le mouvement est communiqué par une vis D qui est tangente
à sa circonférence. Cette vis tourne entre deux coussi-

nets ménagés dans la plate-forme circulaire E sur
laquelle on fixe l'appareil au moyen d'une vis F au
pas du congrès et dont un écrou assure le parfait
blocage. Sur l'axe de la vis motrice D est calé l'arbre
de manivelle qui imprime à la plate-forme circulaire C

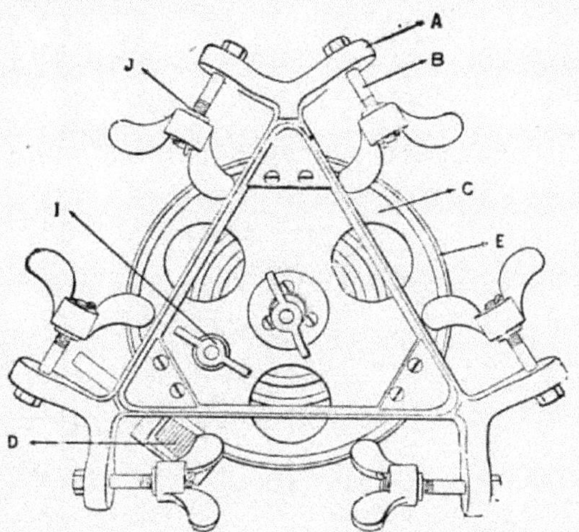

son mouve-
ment autour
de la roue
dentée. La
grande roue
dentée porte
en outre un
boulon dont
la tête est en-
gagée dans
une gorge
de la plate-
forme. En
agissant sur ce boulon I les deux parties de la plate-
forme sont rendues solidaires.

Le chargement de l'appareil s'effectue au cabinet
noir. La pellicule est enroulée sur la bobine-axe,
gélatine à l'intérieur. On reconnaît aisément le côté
gélatine non seulement à son apparence mate,
mais en touchant avec le doigt légèrement humecté.
La bobine-axe est alors placée dans le magasin, on
fait dépasser 60 à 70 centimètres de bande par l'ou-

verture et on pousse bien à fond le taquet de fermeture.

Au moment d'opérer, on consultera la figure sché-
matique. La partie de pellicule ménagée pour l'a-
morçage est engagée dans la fente de la paroi supé-

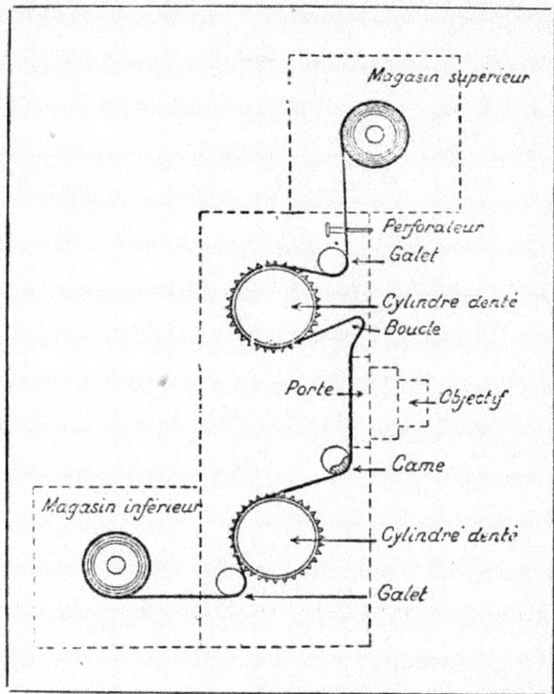

rieure de l'appareil. Le film passe ainsi vis à vis le
poinçon de repérage et sous le galet de corne. A ce
moment, on peut engager les cornières de la boîte-magasin dans les coulisses *ad hoc* que l'on remarque sur
la planchette supérieure et à mesure que le magasin

est ainsi assujetti on tire sur la pellicule. On la passe alors entre le cylindre denté supérieur et le compresseur correspondant. Ouvrir alors complètement la porte du couloir qui par un dispositif spécial sera maintenue ouverte sans qu'on ait à s'en préoccuper, bien nettoyer le velours et veiller à ce que ce dernier ne soit pas effiloché sur les bords. La pellicule est alors engagée dans le couloir, on ferme la porte. On fait alors, au-dessus de la porte, une boucle de trois travers de doigt et, cette boucle faite, on revient à l'extrémité libre du film que l'on fait passer sur la came puis sur le cylindre inférieur contre lequel il est maintenu par le compresseur correspondant. De là, après avoir passé sous un dernier galet, par une ouverture pratiquée à l'arrière de l'appareil, la bande est prête à être amorcée sur la bobine-axe du magasin récepteur. On vérifie une dernière fois l'appareil et la disposition de la pellicule. L'appareil est fermé et assujetti au moyen des deux crochets qu'il porte latéralement. On tire le loquet du magasin inférieur que l'on retire du sac, la pellicule est engagée dans la fenêtre de cette boîte-magasin que l'on enfonce dans les coulisses destinées à la maintenir et on pousse bien à fond le verrou qui achève de la rendre solidaire de l'appareil. La bobine-axe est alors reliée à la manivelle par la chaîne sans fin. Pour cela il suffit de ne faire sortir que l'extrémité de l'axe moteur de la bobine, on y engage la roue frein dentée en veillant à ce que les deux ergots de la bobine se logent bien exactement dans les cavités correspondantes de la roue dentée. Une vis assemble le tout. On taille alors en biseau l'extrémité du film et on l'engage sous le ressort de la bobine réceptrice, de façon qu'elle fasse un tour complet sur l'axe. Bien veiller à ne pas tourner la manivelle en sens contraire, ce qui aurait pour résultat d' « avaler » la boucle. L'aiguille du compteur est alors mise à zéro en faisant tourner le bouton de commande. Fixer enfin le parasoleil.

Nous avons vu que le magasin inférieur comportait une roue à frein. Cette pièce très importante est composée d'une tige creuse filetée extérieurement sur une partie de sa longueur. Sur la partie lisse, et maintenue par un épaulement, on a enfilé une rondelle de fibre, la roue dentée, une rondelle de cuir et enfin une rondelle de bronze. Un ressort en spirale, par la pression exercée par l'écrou engagé sur la partie filetée agit sur la roue dentée qui alors entraîne la tige creuse qui lui sert d'axe. Mais cette dernière, montée sur l'axe de la bobine réceptrice, ne tourne pas à la même vitesse, il y aura patinement ; la pellicule sera ainsi enroulée de la même quantité qu'elle sera débitée. La roue-frein est livrée soigneusement réglée par le constructeur.

Le réglage de l'obturateur est la première chose à faire avant la prise de vue. Pour cela l'appareil étant devant soi, on fait glisser vers la gauche la planchette d'objectif, après avoir dégagé le taquet destiné à l'immobiliser.

Nous avons dit que l'obturateur comportait deux secteurs de carton évidés que l'on fait glisser l'un sur l'autre, au moyen d'un ressort cintré, maintenu par une vis; la fente, l'ouverture ainsi déterminée, est définitivement réglée.

Pour deux tours de manivelle,

L'ouverture d'un quart correspond au 1/64e de seconde
   —   d'un huitième   —   1/128e   —
   —   d'un seizième   —   1/256e   —

Les ouvertures réduites seront réservées aux prises en plein soleil et aux mouvements très rapides.

Pour mettre au point, on place dans le couloir et maintenu par la porte, un verre dépoli dont la face dépolie est tournée vers l'objectif, on enlève le parasoleil et on tourne la monture filetée de l'objectif jusqu'à ce que l'image soit bien nette sur le verre. S'aider, si nécessaire, d'une loupe de mise au point. On maintient l'objectif en place en agissant sur la petite vis placée sur le côté.

Cette mise au point est faite une fois pour toutes, les images étant nettes à partir de cinq mètres. La mise au point sera faite sur un personnage ou un objet placé à huit mètres.

L'appareil que nous venons de décrire est destiné à l'amateur. En vue du théâtre il a reçu quelques modifications qui permettent le réenroulement de la pellicule dans le magasin supérieur, ce qui était nécessaire pour les scènes à trucs.

De même que pour l'appareil Lumière, l'appareil Gaumont peut servir au tirage des positifs. On se procure un cône de un mètre de hauteur dont la base emboîte exactement la base de l'appareil prise de vues. Ce cône est percé en son milieu d'un trou destiné au passage de la bande négative. Nous reviendrons en détail sur ce dispositif au moment où nous traiterons des appareils connus sous le nom de tireuses.

Les Établissements Gaumont ont mis à l'étude un appareil de prise de vues pour la reproduction des couleurs, basé sur le principe de la trichromie. Nous remettons à une conférence spéciale quelques indications touchant cet appareil, ainsi que les moyens utilisés au théâtre Gaumont pour les vues synchronisées.

Appareil Demaria-Lapierre

Dans l'appareil Demaria-Lapierre le mécanisme d'entraînement est constitué par des chiens à ressort et est commandé par une bielle agissant sur un excentrique ; entre les deux boîtes-magasin contenues dans l'appareil passe la lunette de mise au point, sans préjudice du viseur, du poinçonneur, de l'indicateur de vitesse, etc.

Appareil Proszynski

Dans cet appareil, le temps pris par l'occultation est presque nul. Le dispositif est toujours à griffes mais celles-ci ne sont plus solidaires d'un cadre ; elles sont portées dans les perforations par une bielle dépendant d'une manivelle qui reçoit son mouvement d'un bras de levier oscillant. Cet appareil traduit précisément notre conception de mouvements circulaires à résultante appliquée à un point déterminé (perforation) ; sur le même principe M. Proszynski a établi un appareil portatif mû par l'air comprimé et qui permettrait de prendre des vues sur un cheval au galop, par exemple.

Prise de vues panoramiques

Peu de temps après leur cinématographe, les Frères Lumière firent connaître leur Photorama qu'ils installèrent rue de Clichy, à Paris. Les vues étaient obtenues en faisant tourner librement autour d'un axe vertical une sorte de tambour porte-pellicule au moyen d'un mouvement d'horlogerie. L'objectif renvoyait les rayons lumineux sur le film par l'intervention d'un miroir redresseur et l'obturateur découvrait cet objectif, pendant un tour complet de l'appareil.

En cinématographie ordinaire on a recours pour la

prise de vues à la plate-forme panoramique horizontale ou verticale ; certaines plates-formes remplissent à la fois ces deux conditions. Une des plus précises est, à notre avis, celle de M. Gillon. La plate-forme verticale est loin de donner de parfaits résultats pour la prise des objets aériens. Il eût été préférable de décentrer les objectifs des appareils prise de vues.

On aurait ainsi évité la déformation qui se produit lorsque l'on se sert exclusivement de la plate-forme verticale pour enregistrer les faîtes des monuments, les extrémités des mâts, etc... Il est vrai qu'en disposant d'une façon appropriée les pieds de l'appareil, on peut remédier à ce défaut. Mais il est souvent difficile de pouvoir utiliser un tel moyen, sans compromettre la stabilité qui est la règle de toute opération cinématographique.

Le sphéroscope

On désigne sous ce nom un dispositif qui date de 1909 et qui permet d'obtenir des vues panoramiques d'une grande précision. Cet appareil, dont la rotation s'effectue dans un plan rigoureusement horizontal, a son centre de rotation continuellement sur la même verticale et cette verticale coïncide également avec le point d'émergence de l'objectif. C'est en effet le défaut de beaucoup de plates-formes panoramiques de placer le point nodal de l'objectif en dehors de leur centre de rotation.

Le sphéroscope se compose du socle auquel on suspend, dans un filet, les poids lourds destinés à assurer la parfaite stabilité de l'appareil. Ce socle comporte une rotule fixée sur une platine graduée munie d'un pivot. La rotule sert au nivellement rapide de la platine, au moyen de trois vis calantes. Le plateau est complété par un disque de division où se meut un taquet, un autre taquet restant fixe. Au-dessus on remarque un autre plateau tournant, comportant un niveau et deux tubes gradués; sur ces deux tubes coulisse un indicateur *du centre de plaque*, ce qui permet de déterminer l'angle de déplacement pour chaque prise suivant la dimension de la plaque ou de la pellicule employée.

Il en résulte un véritable automatisme dans la manœuvre du cinématographe lui-même. Pour cela, on met l'objectif au point en ramenant le point nodal dans l'axe de rotation, l'index fixé sur le disque diviseur donnant immédiatement le rayon nécessaire à la giration.

Du reste le système automatique dont nous avons parlé a été — spécialement pour la cinématographie, — remplacé par une roue à denture hélicoïdale, fixée à la partie inférieure de la platine qui supporte les tubes de soutien-guide. Cette roue est en rapport avec un arbre-

vis commandé par une manivelle. La vitesse de rotation autour du centre est au rapport de 1/200 par
rapport à la vitesse de la manivelle. On obtient donc
ainsi sur le film un ensemble d'images raccordées
donnant à la projection l'impression d'un panorama
complet. Il est évident que l'opérateur peut suspendre
à son gré la rotation pour insister sur telle ou telle
partie du tableau. Le cinématographiste suit la course
de l'objectif au moyen d'un viseur spécial que nous
retrouvons, du reste, dans la pratique de l'arpentage
(alidade).

Pour placer le point nodal d'émergence dans
l'axe de rotation, au sphéroscope est adjoint un système
d'index que l'on place entre le centre vertical et les
tubes. On n'a plus qu'à avancer ou à reculer le cinématographe, jusqu'à ce que la pointe de l'index coïncide
avec le point indicateur du foyer.

Du principe même du sphéroscope, nous dégageons
cette loi commune à l'emploi de toutes les plates-formes panoramiques : « Plus le foyer est en avant du
centre de rotation de la plate-forme, plus les premiers plans empiètent sur les derniers et plus les plans
secondaires échapperont à la prise de vues ».

L'attention de l'opérateur étant fortement tendue
vers l'objet à cinématographier, il est recommandé de
laisser à un compagnon ou à un aide le soin de tourner
la manivelle de l'appareil.

Quant au pied il doit être massif, muni d'allonges
qui en peuvent porter la hauteur à deux mètres. Les
pointes en doivent être très effilées. Son pas de vis est
celui du Congrès.

L'étude de la prise de vues panoramiques nous conduit à tout un ensemble de considérations sur la
reproduction cinématographique du relief que nous
devons à Th. Brown. On trouvera l'important travail
de cet auteur dans *Photo-Revue* (année 1906).
Brown s'est proposé de rechercher le moyen de transmettre par l'intermédiaire d'un seul œil deux impres-
sions « solides » d'un seul objet, parfaitement dis-
tinctes pour chaque rétine et cependant identiques dans
leurs détails. Les sensations de cette nature sont possi-
bles lorsque les phases extrêmes sont perçues par l'œil
dans une période de temps qui n'excède pas deux
secondes.

Pour vérifier cette affirmation, Brown construisit
une sorte de châssis mécanisé, destiné à la projection
de trois images sur pellicule, chacune des trois pellicules reproduisant une portion déterminée d'un paysage
et se déplaçant dans des limites et avec une vitesse
propre déterminées. Lorsque la vue était exécutée
suivant la technique de la prise panoramique, l'illusion
du relief était remarquablement traduite à la projection. Les roues dentées, organes de translation des
pellicules, sont de diamètres différents, engrenant sur

deux vis sans fin actionnées par deux manivelles. Ces
deux vis sont indépendantes l'une de l'autre. Les
bobines tournent verticalement et les pellicules passent
d'une série de trois bobines sur une autre série de
même nombre. La pellicule extérieure se meut le plus
lentement, l'intermédiaire est à vitesse moyenne et la
bande la plus intérieure se déplace le plus rapidement
des trois. L'habileté de l'opérateur consiste dans le
choix judicieux des trois panoramas.

En vue de la démonstration du même principe,
Brown prit des vues cinématographiques d'objets
placés sur un plateau rotatif et il fut ainsi conduit à
situer l'appareil cinématographique sur un chariot
tournant sur un rail autour du sujet, ce sujet offrant
assez de densité pour masquer tout ce qui se trouverait
au-delà du centre de composition, centre qui constitue
alors un point d'immédiate attention. L'objectif de l'appareil est à angle peu ouvert. La manivelle même de
l'appareil actionne le chariot sur lequel se trouve l'opérateur. Brown ne tarda pas à transformer la technique
opératoire en utilisant un plateau oscillant de part et
d'autre d'un axe vertical, comme une porte sur ses
gonds. Ce plateau supporte l'appareil cinématographique.

L'excentrique de l'appareil agit sur le plateau oscillant par l'intermédiaire d'une tige dont la course est
réglée par l'amplitude circulaire de la tête de bielle,

l'oscillation décroît d'un maximum à un minimum, suivant que la bielle se trouve attachée à la périphérie ou plus près du centre du volant.

Néanmoins cette méthode ne donne d'excellents résultats que lorsqu'il s'agit d'objets animés. Les parties fixes ne sont pas en effet rigoureusement immobiles à la projection. Brown a essayé de supprimer cet inconvénient capital, en déplaçant l'appareil en avant, en arrière et parallèlement au moyen d'un dispositif constituant une tête de pied spéciale. Le plateau oscillant est soumis à l'action de deux excentriques, décrits par le trajet circulaire de deux pivots, curseurs mobiles, le long d'une rainure disposée suivant le rayon des deux volants respectifs. Dans un autre dispositif l'appareil prise de vues est immobile et l'objet à cinématographier est envoyé à l'objectif par deux miroirs. L'un de ces miroirs est fixé en avant de l'objectif et fait avec lui un angle de 45° ; l'autre est monté dans un cadre oscillant entraîné sur des glissières parallèles droites, ou arquées dans le cas où l'objet doit être maintenu au centre de vision. Enfin Brown a employé pour la projection deux appareils disposés de telle sorte qu'au moment du passage d'un système optique à l'autre, l'image soit composite et formée de deux moitiés d'images, la marche d'un des deux appareils restant en avance sur celle de l'autre.

Il y aurait encore beaucoup à dire sur les appareils

de prise de vues de différents systèmes. Nous réserverons pour une conférence ultérieure les dispositifs, soit pour la prise de vues microscopiques, soit pour la prise de vues en couleurs. L'étude des perforeuses, des machines à tirer et des projecteurs trouvera sa place avant l'exposé des manipulations photographiques du film proprement dites. Je veux simplement me borner à attirer votre attention sur les applications que pourraient recevoir en cinématographie un nouvel organe de transmission du mouvement connu sous le nom de « câble Herzmarck ». Ce câble permet, en effet, de transmettre sans courroies, sans engrenages, sans bielles, des mouvements ou rectilignes ou circulaires, entre deux points séparés par des trajets quelconques, de transformer un mouvement circulaire en mouvement rectiligne et inversement. Il se compose d'un petit tube rigide en cuivre rouge qui peut épouser toutes les sinuosités du trajet à parcourir.

Dans ce tube on enferme une sorte de gaine constituée par un ensemble d'anneaux flexibles et, à l'intérieur de cette gaine, un fil central en brins d'acier très souples. Deux pistons terminaux en laiton réunissent aux deux extrémités d'une façon rigide le fil et la gaine : le fil étant attaché au centre et la gaine aux épaulements des pistons. Des deux éléments, fil et gaine, un seul travaille à la fois suivant le sens du mouvement, le fil transmet le *tirage*, la gaine la *pous-*

sée. Lorsque les mouvements à transmettre sont rectilignes les pistons affectent une forme allongée ; lorsque les mouvements à transmettre sont rotatifs, les pistons se réduisent à une rondelle mince qui prend contact avec une gorge circulaire de la poulie, puis coulisse dans le tube dont l'extrémité est tangente à la poulie motrice. L'organe prend alors la dénomination de *sigma*, sa forme affectant celle de la lettre grecque du même nom. Le montage est fait de telle sorte que lorsque la gaine est complètement enroulée sur la poulie motrice, par exemple, elle soit complètement déroulée sur la poulie réceptrice.

Lorsqu'il s'agit de transformer un mouvement circulaire en mouvement rectiligne et inversement, une des extrémités du câble est terminée par un piston allongé et l'autre par un sigma. Enfin le câble Herzmark peut transmettre le mouvement d'un point à plusieurs autres points à la fois.

Dans le cas du mouvement rectiligne on accole deux pistons voisins, les tubes devenant ensuite divergents ; dans le cas du mouvement circulaire, on dispose sur une même poulie un certain nombre de sigmas embrassant des arcs de déroulement plus petits et tangents à la poulie en deux points différents.

Le système Herzmarck doit trouver son application non seulement dans la construction des appareils destinés à la cinématographie ordinaire, mais aussi dans le synchronisme pour lequel nous réservons une leçon spéciale. L'étude des jouets mécaniques fournira de nombreuses et précieuses indications à qui voudra rechercher des éléments applicables à la mécanique cinématographique.

L'objectif cinématographique

Nous avons déjà indiqué que l'objectif de l'appareil prise de vues, était de l'espèce dite à « court foyer », l'image à obtenir étant d'un format très réduit. Pratiquement les appareils prise de vues sont munis d'objectifs anastigmatiques ouverts à f : 4,5 ou f : 3 et même f : 1,5, les ouvertures maxima permettent de pouvoir disposer pour le travail courant d'ouvertures comprises entre f : 9 et f : 12. Nous retiendrons tout d'abord la loi optique suivante : « Plus le foyer est court, plus l'angle de l'objectif est ouvert et plus il y a de différence entre les plans successifs de l'image reproduisant l'objet. » La trousse d'un opérateur devra donc comporter trois objectifs de foyers différents, mais dont la monture ait le même pas de vis que celui de la fenêtre de l'appareil. Dans la catégorie des Court-foyer, on choisira le Planar-Zeiss de f : 3,8 correspondant à 35 mm. de foyer ou le Voigtlander de f : 4,5 de 45 mm. de foyer.

Dans la catégorie des objectifs à longueur de foyer normale, on prendra le Tessar Zeiss Krauss ouvert à

3,5 et dont la longueur focale est de 50 à 55 mm. Dans la même série on trouve des objectifs de 75 mm., précieux dans la prise de vues éloignées.

Spécialement pour cet usage, la Maison Turillon a construit sous le nom d' « Adon », un objectif extrêmement rapide et qui permet d'obtenir d'excellents négatifs sous un éclairage défectueux.

Il serait trop long de nous étendre complètement sur l'optique photographique : il ne sera pas inutile de préciser quelques lois, quelques particularités relatives aux objectifs à court foyer.

Les lentilles ont un foyer visuel ou optique et un foyer chimique, ce qui revient à dire qu'avec une lentille simple, la mise au point exacte pour l'œil ne l'est pas pour la plaque photographique, la lentille faisant diverger les radiations colorées, tout comme le prisme avec lequel elle présente de nombreuses et communes propriétés. Le foyer chimique est plus rapproché de la lentille que le foyer visuel. Achromatiser une lentille c'est faire coïncider les deux foyers, optique et chimique.

On appelle axe principal d'une lentille, la droite qui joint ses deux centres de courbure. On désigne sous le nom de centre optique un point tel que tout rayon qui après première réfraction dans la lentille passe par ce point, sort parallèlement à sa direction primitive.

Toute droite qui passe par le centre optique est un axe secondaire; on appelle foyer principal d'une lentille, le point de l'axe où viennent se couper après réfraction les rayons émanant d'un point situé à l'infini : en d'autres termes, le point d'intersection des rayons parallèles qui viennent se réfracter dans la lentille.

Nous voyons ainsi que lorsque l'objet est à l'infini, son image est réduite à un point qui se confond avec le foyer principal. Si cet objet est à deux fois la distance focale de la lentille, l'image est égale à l'objet et se fait également à deux fois cette distance focale, de l'autre côté de la lentille. Enfin si l'objet était à la distance focale, son image se formerait à l'infini. La distance minimum de la lentille à l'objet est donc égale à la longueur focale et ne peut lui être inférieure.

On emploie dans la construction des objectifs des lentilles convergentes ou divergentes. Pour les premières, les bords sont plus minces que le centre, pour les secondes le centre est plus mince que les bords ; les premières sont dites aussi convexes et les secondes concaves.

On détermine le foyer d'un objectif soit en mettant au point sur l'infini, soit en cherchant à obtenir une image égale à l'objet.

Nous ne suivrons pas toutes les phases de la fabrication des lentilles dans les verreries scientifiques de

Frauenhofer, à Munich, de Schott, à Iéna, de Feif, à
Paris et des opérations auxquelles on se livre pour
déterminer l'indice de réfraction, rapport du sinus de
l'angle d'incidence au sinus à l'angle de réfraction,
ee qui est bien différent de la valeur de l'angle
d'incidence lui-même. Sachons seulement que l'on
fait tomber successivement cinq lumières colorées
dont les sources sont le potassium, le sodium et l'hy-
drogène sur le prisme obtenu du verre à essayer. Dans la
pratique, on mesure l'indice de réfraction correspondant au rayon jaune du sodium, et les différences entre
les indices des autres radiations au moyen du gonio-
mètre de Babinet, du réfractomètre de Pulfrich et du
spectromètre d'Abbé. On détermine ainsi une classifi-
cation d'après la formule : $\dfrac{\Delta n}{n - l}$ dont l'inverse $\dfrac{n - l}{\Delta n}$
est désigné par la lettre V, n étant l'indice de réfraction
d'un verre par rapport à la raie du sodium et Δn la
dispersion moyenne des autres radiations d'épreuve.

Autrefois les verres se classaient en crowns (faible
dispersion) et flints (grande dispersion). Aujourd'hui
on les classe d'après les valeurs décroissantes de V.

Pratiquement l'opérateur peut vérifier les propriétés
de ses objectifs au moyen du focimètre de Davanne,
qui permet de choisir immédiatement le foyer correspondant et à un sujet et au format d'une image
donnée, et du Tourniquet du Commandant Moessart

avec lequel on peut vérifier l'absence de distorsion et de foyer chimique, déterminer la longueur du foyer et mesurer l'angle utile qui est le rapport de la surface couverte à la longueur du foyer.

La règle générale dans le choix d'un objectif est de choisir celui qui, avec le plus grand diaphragme, embrasse le plus grand angle, dans les meilleures conditions de netteté, par conséquent celui dont le foyer est le plus court. D'autre part, l'angle embrassé par un objectif est d'autant plus ouvert que le foyer est plus court, et connaissant la plus grande dimension de la surface couverte il est facile en la comparant au foyer de calculer l'angle embrassé. A étant l'angle embrassé, C le plus grand côté, F le foyer on a la formule :

$$\tan g : \frac{A}{2} = \frac{C}{2} : f = \frac{C}{2f}$$

Disons tout de suite quels sont les qualités et les défauts des objectifs à court foyer et à grande ouverture.

L'intensité de la lumière qu'ils fournissent décroît du centre à la périphérie de la surface couverte, et cela d'autant plus que l'ouverture est plus grande.

Pour égaliser la lumière on a proposé en photographie ordinaire l'emploi d'un diaphragme ajouré en forme d'étoile et pouvant tourner sur son centre. On

4

donne d'abord à pleine ouverture une exposition au 1/4 de la valeur du temps de pose normal e' on achève de faire poser la plaque en mettant en place le diaphragme étoilé, que l'on fait tourner sur son axe.

Certains obturateurs d'appareils prise de vues remplissent précisément ce but. Nous avons déjà dit que les objectifs de grand angle ont l'inconvénient de trop accentuer les différences entre les premiers et les derniers plans. On peut également leur reprocher de donner aux photographies de chemins, de routes, etc., une perspective où domine la sensation d'une trop brusque convergence. Lorsqu'on pourra disposer d'un suffisant espace de recul, on utilisera des objectifs de 55 à 60° d'angle utile.

Les objectifs de grand angle primitifs présentaient le défaut capital de la tache centrale, image de l'ouverture du diaphragme due à la face postérieure de la lentille, les surfaces de la seconde lentille jouant le rôle de miroirs courbes, réfléchissant la lumière sur la plaque sensible. En modifiant la courbure de la face postérieure de cette seconde lentille, Dallmeyer parvint à corriger ce défaut. Le cadre restreint de notre causerie ne nous permet pas de nous étendre très longuement sur la description de tous les objectifs grands angulaires. Petzval, opticien viennois, réalisa en 1839 la première combinaison aplanétique dont l'ouverture va de f/6 à f/3. Cet objectif présente d'avant en arrière :

1° une lentille bi-concave dont la face libre est presque plane et qui est associée à une lentille bi-convexe, la convexité du système étant tournée vers l'objet à photographier ; 2° une lentille divergente en flint qu'une couche d'air sépare d'une lentille bi-convexe en crown. Leur ensemble a pour objet d'allonger le foyer des rayons obliques. L'aberration de sphéricité est détruite grâce à l'écartement des deux éléments de l'ensemble postérieur. L'objectif de Petzval est l'objectif type, pour le travail à l'atelier. Mais il est inutilisable pour le mouvement à cause de la distorsion qu'il procure.

Sur les calculs de Abbé et de Rudolph, Zeiss de Iéna a réalisé en 1890 un objectif de grand angle où la convergence est obtenue par un système de deux lentilles simples, non achromatiques, disposées symétriquement de part et d'autre d'un système optique à grande distance focale et par conséquent peu divergent. Le système optique est le plus souvent constitué par trois lentilles collées, ce qui le rend achromatique pour trois radiations colorées. Le triplet de Zeiss a une ouverture utile de plus de 60° et, avec un petit diaphragme, de plus de 90°. L'anastigmat de Zeiss qui permet par conséquent une mise au point rigoureuse, est également un objectif de grand angle travaillant à grande ouverture.

L'anastigmatisme est détruit par compensation dans les deux éléments qui constituent l'ensemble optique, compensation calculée d'après les indices de réfraction. L'anastigmat rapide à grand angle est à cinq lentilles, son ouverture est 1/12 embrassant 52º d'angle et même 75º avec un petit diaphragme. L'anastigmat rapide à grand angle est un doublet à quatre lentilles, son foyer est f/18 et son angle varie de 60º à 90º. Ne présentant pas de distorsion, il convient à la prise des mouvements.

Les objectifs aplanétiques sont dépourvus d'aberration de sphéricité, les objectifs rectilignes corrigent la distorsion. Les types de ces objectifs sont dus les premiers à Steinheil, les seconds à Dallmeyer. Leur caractère à tous deux est de donner des lignes droites. L'aplanat de Steinheil est formé de deux ménisques composés d'un flint lourd accolé à un flint léger et symétriques l'un de l'autre. Cet objectif manque de rapidité. L'Euryscope de Voigtlander est à très grande ouverture f/5, 5 ; un peu moins rapide que le Petzval, il a plus de profondeur de foyer et est exempt de distorsion ; quant aux objectifs symétriques à grand angle (périscopiques, panoramiques, Pantoscope), ils sont toujours lents et par conséquent peu utilisables en cinématographie. Ils sont à foyer remarquablement court.

Nous ne pouvons nous dispenser de dire quelques mots des tentatives faites pour substituer aux lentilles de verre des milieux réfringents liquides convenablement choisis.

Les premières recherches sur ce sujet sont dues à Euler Léonard, en Allemagne et à Robert Blair, en Angleterre. Vers 1858, Scott Archer utilisa une solution acide antimoniale. Il fut imité par Sutton, puis enfin par le Dr Edouard Grün, savant anglais. Le 13 janvier 1902, Grün informait le monde photographique qu'il avait réussi à établir en vue de la cinématographie un objectif dont l'ouverture est de 6 cm. 20 et la distance focale de 3 cm. 10, soit f/0,5 permettant des photographies à la seule lumière de la scène d'un théâtre et au 1/100 de seconde. Cet objectif est un système achromatique de lentilles en verre dont les intervalles sont remplis de divers liquides ayant un pouvoir réfringent élevé, en même temps qu'un faible pouvoir de dispersion, et qui donne une grande profondeur de champ.

L'objectif de Grün n'est pas passé et pour cause, dans la pratique.

Diaphragme

Le diaphragme augmente la profondeur du champ et compense l'aberration de sphéricité. Au cinématographe, les diaphragmes sont construits à iris. Outre leurs propriétés correctrices optiques, ils permettent d'obtenir certains effets que nous étudierons spécialement. Ils constituent le seul moyen que nous ayons de faire varier réellement le temps de pose, en faisant varier la quantité de lumière qui vient impressionner la pellicule sensible. Néanmoins, pour cet objet je préfère l'usage de verres écrans plus ou moins opaques, qui donneraient plus de certitude et qui ne viendraient pas modifier la profondeur du champ.

Obturateur

Les obturateurs d'appareils prise de vues, peuvent, suivant les constructeurs, affecter différentes formes, depuis les disques coulissant l'un sur l'autre jusqu'à la simple opposition par leur plus petit angle de deux triangles en matière opaque et légère.

Au point de vue du rendement on a démontré que les obturateurs de plaques et les « focal-plane » sont les plus parfaits. On a même prétendu que ces derniers avaient un rendement de 100 0/0. Cette affirmation est loin d'être exacte. Non seulement il y a lieu de tenir compte de la « traînée d'ombre » provoquée sur la plaque sensible, par les volets de l'instrument, mais l'obturateur rotatif cinématographique est très compatible avec les objectifs de grande ouverture. Il est vrai que lorsque l'obturation a lieu dans le plan du diaphragme; avec des appareils genre Thornton-Pickart, ou Matioli, la surface sensible est théoriquement impressionnée uniformément par toute la lumière transmise.

Au cinématographe, il a fallu éviter toute déformation de l'image, en tenant compte et des mouvements de l'objet et de la vitesse de l'obturateur. Le rendement de l'obturateur est défini par le rapport entre la quantité de lumière admise réellement pendant l'obturation et la quantité de lumière que l'objectif admettrait dans le même temps sans l'obturateur. En cinématographie, la quantité de lumière admise normalement par l'objectif est très grande, la surface à impressionner est très petite. Dans ces conditions, il n'y a pas grand avantage à utiliser les obturateurs de plaque. D'autre part, lorsqu'on a à photographier un véhicule en mouvement, avec un appareil muni d'un obturateur de plaque, on remarque que les rayons supérieurs des roues du véhicule sont bien moins nets que les rayons inférieurs. Cela tient à ce que les points des rayons supérieurs de la roue sont entraînés par deux mouvements, rotation et translation, qui s'ajoutent, tandis que pour les points des rayons du bas de la roue, les mouvements se retranchent et, au cinématographe, il arrive très souvent que cette différence devient à ce point sensible que non seulement les rayons peuvent paraître immobiles, mais encore être animés d'un mouvement rétrograde d'autant plus sensible que les images successives sont prises, comme nous le savons, avec des temps d'arrêt marqués.

Pour prendre une vue

Un des principaux soucis de l'opérateur sérieux est de maintenir ses objectifs dans un état parfait de propreté. (On empêche les verres de se ternir en les frottant avec du savon puis avec un chiffon de laine.) L'opérateur doit s'exercer à apprécier les distances avec précision et rapidité ; lorsqu'il aura fait l'acquisition d'un bon appareil, qu'il ne s'amuse pas à « le brocanter » pour se munir d'un autre système. Toute sa science réside dans la mise au point, et la pratique peut seule la lui enseigner.

Lorsque l'opérateur aura à charger lui-même son appareil, à enrouler sa pellicule dans les boîtes-magasin, il est recommandé d'effectuer cette opération dans un lieu plutôt humide (cave, etc.), de tourner lentement pour éviter les effluves électriques et de bien noter le sens d'enroulement, la pellicule étant bien serrée autour du moyeu, pour éviter le freinage contre la paroi de la boîte-magasin.

Il faut insister sur la fixité absolue du pied. Pour cela on effectue la mise en plaque ou en cadre sommairement, on vérifie l'aplomb et on fixe définitivement le pied de l'appareil. La mise au point rigoureuse est faite au verre dépoli vaseliné et au moyen de la loupe, le viseur ne devant servir qu'à suivre l'objet en mouvement, grâce d'autre part à la plate-forme panoramique que nous avons déjà décrite.

Normalement chaque objectif devrait avoir son viseur particulier ; on en a construit de différents systèmes ; le plus pratique est le viseur à cadre préconisé en 1866, par M. Davanne et que M. Huillard a perfectionné. Il est constitué par un cadre métallique, dont la surface évidée est égale ou proportionnelle à celle de la plaque ou de la pellicule que l'on doit utiliser. Le centre de ce cadre est indiqué par un index correspondant au point d'intersection de deux fils imaginaires, perpendiculaires entre eux et bi-secteurs des bases opposées de ce cadre.

Ce cadre est placé perpendiculairement au plan de l'axe optique et au-dessus du plan nodal d'émergence de l'objectif.

Un œilleton placé dans le plan de la surface sensible permet de diriger la visée par le centre du cadre, et le cadre lui-même est fixé sur la planchette porte-objectif, dont il suit tous les mouvements.

Au point de vue du temps de pose, nous avons déjà dit qu'on ne se servait presque exclusivement que du diaphragme. L'ouverture moyenne est f : 10 ou 12, f : 4 étant réservé aux intérieurs et aux sousbois. L'utilisation des écrans rendra de grands services.

Pour apprendre à tourner la manivelle, il faut s'exercer sur un appareil chargé sans temps d'arrêt, et sans appuyer sur l'appareil. Il faut tourner du poignet et non de la main. La vitesse normale est de seize images, soit deux tours de manivelle à la seconde. Cette cadence prend le nom de cadence de 120 à la minute ; les appareils de projection sont en effet construit pour débiter 960 images en 60 secondes. Si l'on vient à tourner plus lentement, à la projection, les mouvements seront plus rapides et inversement plus la scène aura été enregistrée rapidement et plus les mouvements seront lents à la cadence normale du projecteur. Chaque fois qu'une scène sera terminée l'opérateur agira sur le poinçon de son appareil. Il aura un carnet où il pourra noter les conditions dans lesquelles aura été prise la vue, la nature de la lumière, etc., principalement pour les scènes documentaires. Un bon opérateur n'oubliera jamais qu'il faut poser pour les ombres. Lorsqu'on a le soleil de côté et par conséquent de grandes masses d'ombre, il y aura opposition violente des lumières sur le négatif ; on posera davantage, c'est à dire qu'on opérera à plus large ouverture pour rétablir l'harmonie. Si au contraire la lumière est diffuse, on diaphragmera d'autant plus que le sujet présentera moins d'opposition.

Plus la lumière sera devant l'objectif, plus on diaphragmera, à moins que l'on ne veuille insister sur la lumière frisante et sacrifier les détails dans les ombres.

Pour les sujets sur fond blanc, diaphragmer moins que pour les sujets sur fond noir.

D'ailleurs notre leçon spéciale sur la lumière et les couleurs nous permettra d'insister plus longuement sur les qualités photographiques que l'opérateur doit partager avec le metteur en scène.

Nous y étudierons spécialement les positions que doivent occuper les sources lumineuses de différentes natures pour la production exacte d'effets artistiques déterminés.

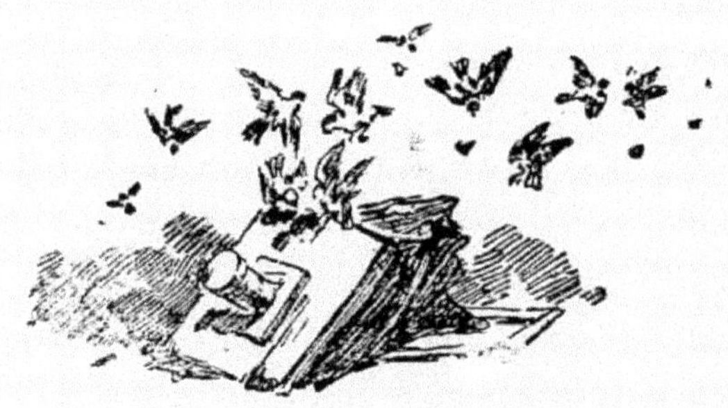

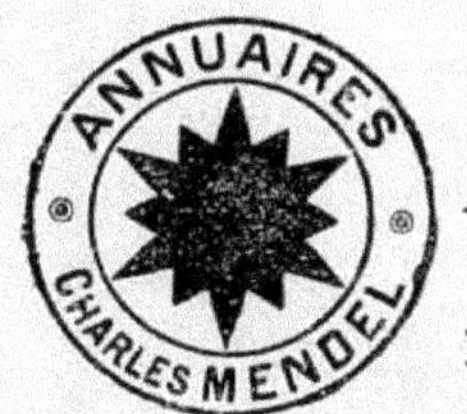

" CINEMA "

ANNUAIRE DE LA PROJECTION
FIXE ET ANIMÉE

PARIS — 118, rue d'Assas — PARIS 6e
TÉLÉPHONE : 811-90.

Cet ouvrage comporte :

1º Une *Liste générale* de toutes les personnes appartenant à la corporation cinématographique, classées par ordre alphabétique, avec leur profession principale, l'adresse complète, le numéro de téléphone, l'adresse télégraphique, etc...;

2º Une liste de tous les *Fabricants et Négociants* d'articles de projections fixes ou animées, classés par chapitres (250) en cinq langues : Français, Anglais, Allemand, Italien et Espagnol ;

3º Une liste des *Marchands de Fournitures cinématographiques*, avec leur adresse ;

4º Une liste des *Exploitants* du Cinématographe, classés par ordre alphabétique, avec leur adresse ;

5º Une liste des *Opérateurs*, classés par ordre alphabétique, avec leur adresse ;

6º Une liste générale des *Marques* ou *Noms* donnés aux appareils : lanternes, films, accessoires ou produits employés en cinématographie, avec indication de la Maison qui fournit ces articles ;

7º Un Calendrier des *Foires* et *Fêtes patronales* avec les renseignements nécessaires aux Exploitants désireux d'installer un Cinématographe ;

8º Un Aide-Mémoire de l'opérateur cinématographiste ;

9º Des Renseignements industriels et commerciaux.

Toute personne appartenant à la corporation cinématographique a droit GRATUITEMENT à ses NOM et ADRESSE :

1º *A la Liste générale alphabétique;*
2º *Au Chapitre se rapportant à sa profession ;*
3º *A la suite de chacune de ses marques ou spécialités.*

Bibliothèque Générale de Cinématographie

Aide = Mémoire

du

Cinématographiste

RECUEIL

DE

Recettes, Procédés, Formules et Conseils

utiles au Cinématographiste, groupés et classés

PAR

C. DE MIREAUNEL

PRIX : **0** fr. **75**  FRANCO : **0** fr. **85**

Tous les renseignements contenus dans cet ouvrage sont extraits de " **CINÉMA** ", Annuaire de la Projection fixe et animée.

PARIS
Comptoir d'Édition de " Cinéma-Revue "
118, RUE D'ASSAS, 118

Supplément mensuel à " Cinéma " Annuaire de la projection fixe et animée

=== Abonnement : ===
=== 1 fr. 25 ===
= pour le monde entier =

CINÉMA-REVUE

= Paraît =
= tous les =
= mois =

Journal d'informations Cinématographiques absolument indépendant

BULLETIN D'ABONNEMENT A REMPLIR ET A RETOURNER
118, Rue d'Assas, PARIS

Veuillez m'abonner pour une année à " **CINÉMA-REVUE** ", Journal d'Informations Cinématographiques.

Ci-joint un franc vingt-cinq centimes.

Le 11

Nom ....

Profession ....

Adresse ....

RED. :

15

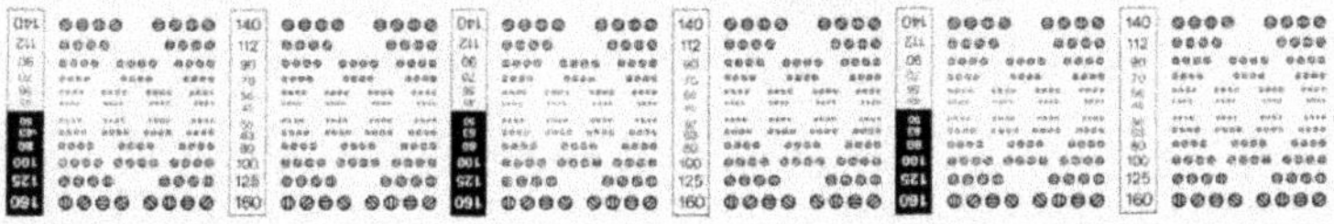

0 1 2 3 4 5 6 7 8 9 10

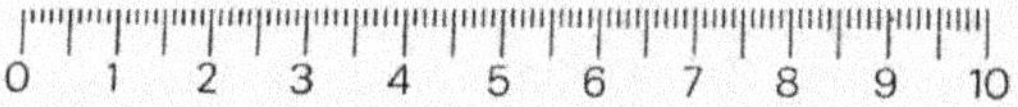

BIBLIOTHÈQUE
NATIONALE

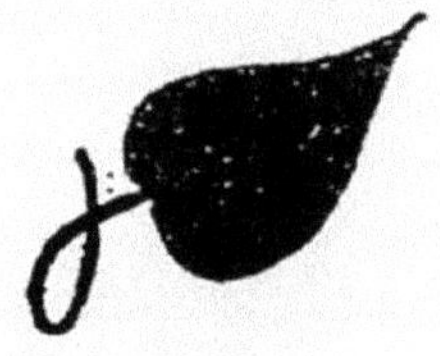

CHÂTEAU
de
SABLÉ

1991